PARIS SANS PAIR
BIBLIOTHEQUE
DE
PAUL LACOMBE

NOTICE

SUR

MONTLHÉRY

PAR

Jules PAYEN

Membre fondateur de la Revue Française
Membre des concours poétiques de Bordeaux et d'Agen
Membre titulaire
de l'Académie d'aérostation météorologique de Paris

Ce vieux donjon, dernier vestige
Des rois, des seigneurs féodaux ;
Est là, comme un point en litige,
Montrant l'histoire aux temps nouveaux

J. PAYEN.

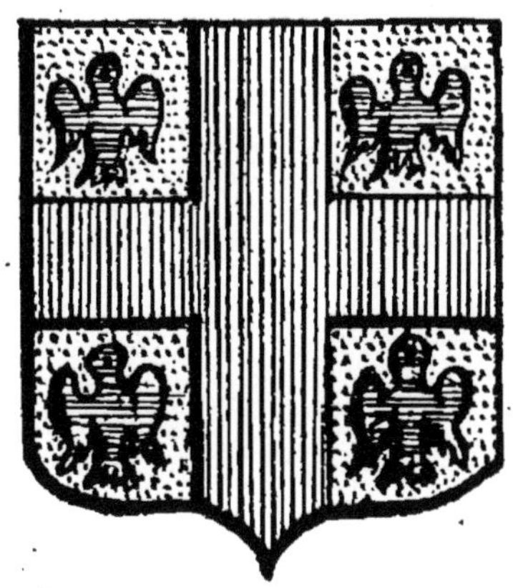

PARIS

E. DENTU, ÉDITEUR

PALAIS-ROYAL

15, 17 ET 19, GALERIES D'ORLÉANS

1883

NOTICE

SUR

MONTLHÉRY

Tiré à 300 exemplaires.

—

4 sur papier de Chine.
2 — rose.

NOTICE

SUR

MONTLHÉRY

PAR

Jules PAYEN

Membre fondateur de la Revue Française
Membre des concours poétiques de Bordeaux et d'Agen
Membre titulaire
de l'Académie d'aérostation météorologique de Paris

Ce vieux donjon, dernier vestige
Des rois, des seigneurs féodaux ;
Est là, comme un point en litige,
Montrant l'histoire aux temps nouveaux.

J. PAYEN.

PARIS

E. DENTU, ÉDITEUR

PALAIS-ROYAL
15, 17, ET 19, GALERIES D'ORLÉANS

1883

ARMES

DE

MONTLHÉRY

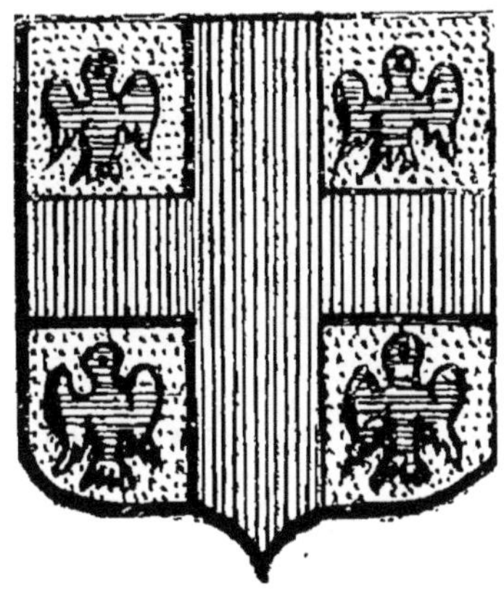

D'or, à la croix de gueules,
Cantonnés de quatre alérions d'azur.
Qui est Montmorency ancien.

I

A LA VILLE DE MONTLHÉRY

C'est dans tes murs, ô ma chère petite
ville ! et au n° 1 de la rue de Christophe-
de-Saulx, dite Brûlée, que le 31 janvier 1841 je reçus le jour.

C'est au milieu d'une famille de plusieurs générations, à côté d'un frère aimé
et sous les yeux d'un père et d'une mère
honnêtes et laborieux, que mon enfance
s'écoula douce, paisible et heureuse ;
c'est aussi à cette école que j'ai puisé
l'énergie et la volonté pour supporter
avec résignation les embûches et les vicis-
situdes de la vie.

Ah ! que je voudrais encore chaque
jour fouler le sol de ta belle contrée,
parcourir tes rues si proprettes, ainsi que
les sentiers ombreux et escarpés de ta
vieille tour.

Là, c'est le grand air, la vie et le bonheur. Mais, hélas ! je suis obligé d'habiter loin de toi et de vivre solitairement ;

néanmoins, ma pensée et mon regard sont toujours fixés sur le foyer paternel.

En reconnaissance des bons souvenirs et du bonheur passé de ma jeunesse, je te dédie ce volume.

Allons! vogue, cher petit livre, au gré des flots humains, et qu'un vent favorable te conduise à bon port.

J. PAYEN.

PRÉFACE

A MESSIEURS LES TOURISTES

ET

EXCURSIONNISTES

En écrivant ce chapitre, je crois être utile aux voyageurs, aux archéologues, en un mot à ceux qui cultivent les sciences, comme à tous ceux qui aiment la villégiature.

La petite ville de Montlhéry, située si agréablement, presque aux portes de Paris, mérite qu'on s'y arrête un instant.

Pour le savant comme pour l'amateur, le séjour de Montlhéry est pour eux une source inépuisable de découvertes de toute nature.

Dans cette paisible et charmante localité, chaque pierre, chaque coin, chaque rue, évoque le souvenir historique du passé.

Au moyen âge, Montlhéry possédait comme édifices publics, l'Hôtel-Dieu et son auditoire, qui est actuellement la mairie reconstruite. Quelques résidences anciennes sont à signaler : le manoir

de Montpipeau, qui était situé
derrière l'église de la Sainte-
Trinité, et qui appartenait avec
la Motte aux seigneurs du
Plessis-Pâté. A l'extrémité de la
rue des Juifs se trouvait le fief
des Créneaux, maison seigneu-
riale et dont les murs étaient
crénelés. Dans la Grand'Rue, le
fief de Guillerville; dans la rue
Christophe de Saulx, dite actuellement rue Brûlée, le fief de
Christophe de Saulx, et l'hôtel
des Célestins de Marcoussis.

Du côté de Linas, il y avait la
maison de la Reine-Blanche.
Sur la place du Marché, on

voyait l’hôtel du Minage pour le mesurage et l’impôt pour les grains. Les boucheries se trouvaient dans la Grand’Rue.

Au croisement des rues Souliers-Judas et du Four (actuellement des Deux-Anges), il existait une maison très haute où se balançait l’enseigne des Quatre-Vents.

Rue Souliers-Judas, on voyait les enseignes de la Croix-de-Fer et de la Galère.

Il y avait beaucoup d’hôtelleries et de cabarets dans la rue de La Chapelle, qui était à l’époque la continuation de la route de

Paris à Orléans. On y voyait l’hôtel Saint-Nicolas, qui était appuyé à la geôle et à la rue du Château, aujourd’hui rue Gaucher-Laurée et de la Prud’hommerie, puis les maisons ou auberges du Dauphin, du Cygne, du Cheval Rouge, de l’Écu de France; du Chapeau Rouge, cette dernière existe encore.

Le prévôt de Montlhéry, secondé par ses sergents, veillait à la sécurité publique. Il était défendu de causer et de se réunir à la porte de l’église, sous peine de 10 livres d’amende.

Les hôtelleries ne pouvaient

donner à boire et à manger les dimanches et fêtes qu'aux voyageurs, sous peine de 6 livres d'amende, et ne devaient recevoir ni mendiant ni vagabond, sous peine également de 6 livres d'amende.

Le marchand qui vendait de mauvaise marchandise était puni de 10 livres d'amende, et sa marchandise confisquée. Il était défendu d'avoir des lapins domestiques, sous peine de 4 livres d'amende. Le boucher ne pouvait posséder chez lui plus de 50 bêtes à laine, mais dans les mois de septembre et d'octobre, on lui en accordait 60, parce que c'était l'époque des vendanges; s'il ne

se conformait pas à cette décision
il était puni, la première fois de
10 livres d'amende, et pour les
autres de la confiscation de l'excé-
dant.

A cette date éloignée, c'était
bien le règne de la féodalité,
mais aujourd'hui, l'aspect n'est
plus le même. Cette petite ville
est gaie et florissante.

Sa situation, l'air suave et pur
qu'on y respire, ses coteaux et
ses sites pittoresques qui l'envi-
ronnent, font de Montlhéry un
vrai paradis terrestre.

Du sommet de la tour et
même des promenades qui sont à

ses pieds, on jouit d'un panorama splendide et magnifique; le charme qu'on éprouve à sa vue est impossible à décrire, on ressent en soi-même quelque chose de surnaturel qui satisfait l'âme, qui rend joyeux et en même temps pensif et rêveur.

Au nord et au pied de la forteresse on voit en amphithéâtre la ville de Montlhéry, dont les regards indiscrets plongent dans les jardins et même jusque dans les maisons des habitants.

La route d'Orléans se poursuit jusqu'à Paris, en droite ligne, tout en se prêtant aux plis et replis du terrain. A sa gauche, la butte des Petits-Champs, la Ville-du-Bois, le rocher de Saulx-les-Chartreux où était jadis l'une des stations du télégraphe aérien, Palaiseau avec son nouveau fort et ses redoutes, Longjumeau dans un bas-fond, dont on ne distingue que le haut des maisons. Dans la même direction, mais un peu plus loin, Bagneux. Les hauteurs de Châtillon, son fort neuf et enfin Paris, dont on aperçoit parfaitement le Panthéon, l'Observatoire, le Val-de-Grâce, les tours Notre-Dame, le Châtelet, les buttes Montmartre. Sur la gauche, les Invalides, l'Arc de triomphe. Sur la droite, la colonne de Juillet ou Bastille, les colonnes du Trône, Vincennes et son donjon. Au dernier plan, en face, la butte Chaumont avec ses pelouses, sa cascade, ses lacs et ses promenades sinueuses et ombreuses.

Au sud, derrière la tour, Linas, Leuville, Arpajon caché par un pli de terrain, Torfou, Étampes, etc.

A l'ouest, les bois du Fay, Marcoussis, traversé par la route de Corbeil à Versailles, le château de Bellejame, élevé jadis avec les pierres des tours démolies de Montlhéry ; ce château est surmonté par les bois du Fay, du

Déluge, etc. Au dernier plan, Limours, Orsay, puis Versailles.

A l'est, et au pied de la tour, s'étend la plaine de Longpont, le village de Longpont, Villebouzin, l'hospice de Vaucluse, Saint-Michel, le château de Lormoy, qui appartient actuellement à M. Say, le grand raffineur parisien. Ensuite la ligne d'Orléans, l'Orge qui coule en serpentant majestueusement au milieu des prairies bordées d'arbres touffus et de plantes odoriférantes. Un peu au-dessus, la forêt de Sainte-Geneviève, Ris-Orangis, Essonne, Corbeil, et au dernier plan, Brie-

Comte-Robert et la forêt de Fontainebleau.

Ce tracé rapide, incomplet et à vol d'oiseau, est loin d'égaler le panorama dont on jouit du sommet de la tour de Montlhéry.

Pour se rendre à Montlhéry, les moyens de transport sont des plus faciles :

1° Par la route de Paris à Orléans;

2° Par le chemin de fer de Sceaux, jusqu'à Palaiseau; et ensuite par omnibus;

3° Par le chemin de fer d'Orléans, jusqu'à la gare de Saint-

Michel et par omnibus de la compagnie jusqu'à Montlhéry ; mais
beaucoup de voyageurs font ce
trajet à pied (2 kil.), parce que la
route (de Corbeil à Versailles)
est belle et agréable.

Maintenant, amis touristes, il
ne me reste plus qu'à vous invi-
ter à visiter Montlhéry, sa tour et
les environs, en vous priant de
consulter ma petite notice comme
un guide ami et sûr.

Je fais des vœux sincères pour
que vous soyez satisfaits de votre
excursion, pour que vous gardiez

2.

un bon souvenir de ce petit voyage, et surtout pour que vous retourniez en nombreuse compagnie, revoir et contempler cette charmante contrée, gratifiée par la nature.

JULES PAYEN.

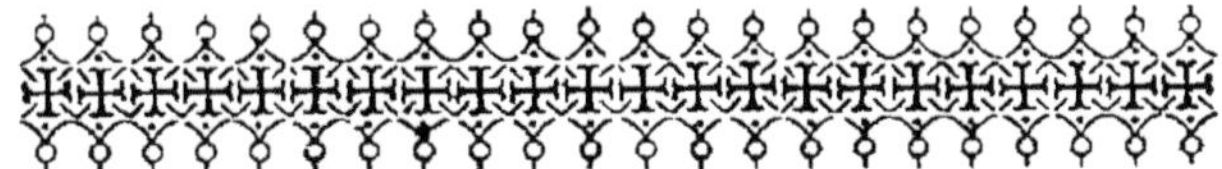

AU LECTEUR

—

En livrant ce modeste ouvrage à la publicité, je n'ai pas la prétention de le donner comme étant le plus complet de ceux parus jusqu'à ce jour.

Le but, que principalement j'ai cherché à atteindre, c'est d'offrir au lecteur et à un prix modique, un résumé aussi complet que possible, de l'histoire de Montlhéry, suivi d'un plan de la ville actuelle.

Pour cela j'ai dû m'arrêter aux faits principaux qui sont encore assez décousus, par suite des lacunes de l'histoire, qu'il est tout à fait impossible de combler, faute de documents authentiques.

Néanmoins, cette notice, brève et succinte, est suffisante pour connaître l'histoire de Montlhéry.

J'ose espérer que le lecteur fera bon accueil à l'ouvrage de l'auteur (enfant du pays), et qu'il lui saura gré d'avoir mis cette brochure à la portée de toutes les bourses.

JULES PAYEN.

CHAPITRE I

LES SEIGNEURS DE MONTLHÉRY

768-1118

L'an 768, et un peu avant sa mort, Pépin le Bref, fils de Charles-Martel, fit don à l'Abbaye de Saint-Denis, du *Mons Aericus* et de ses dépendances, en reconnaissance des bienfaits du clergé.

Ce nom, *Mons Aericus,* se transforma successivement, en *Mont-Li-Airy, Mont-l'Airy, Mont-l'Hairy, Mont-le-Héry,* et actuellement *Montlhéry.*

L'étymologie de ce nom vient

du lieu élevé et escarpé de cette localité.

A l'époque primitive, quelques forestiers, ce qui équivaut aux laboureurs d'aujourd'hui, obtinrent les terres entre le château et la route de Paris à Orléans, qu'ils cultivèrent assez fructueusement. Ils s'y élevèrent quelques maisons modestes, et de là, se forma le bourg et l'origine de Montlhéry.

Ce domaine ne resta que bien peu de temps aux mains du clergé.

Le premier seigneur de Montlhéry fut Thibaut, surnommé File-Étoupe, fils de Bouchard Ier de Montmorency, et un des principaux barons de Hugues Capet, et plus tard de Robert.

Sous ces deux règnes, il remplissait la charge de forestier, charge très importante pour l'époque, car elle comprenait celle de grand maître des eaux et forêts et de grand veneur.

En 991, Thibaut obtint du roi Robert, l'autorisation de doter Montlhéry de fortifications.

A cette époque, il commença par élever le château qui ne fut entièrement terminé que l'année 1015, par suite de combats terribles qu'il eut à soutenir contre les principautés voisines, appartenant aux sires de Corbeil, de Chevreuse, de Montfort-l'Amaury et de tant d'autres.

Vers l'an 1031, sous le règne

de Henri Ier, Thibaut File-Étoupe mourut.

Son domaine passa à son fils, Guy Ier, sire de Montlhéry, qui épousa Hodierne, fille de Guillaume de Gometz et sénéchal de France.

Par suite de ce mariage, il devint propriétaire des seigneuries de la Ferté et de Gometz.

Il possédait déjà celle de Bray-sur-Seine, qu'il tenait de sa mère.

Guy Ier était en haute faveur auprès de Philippe Ier, roi de France.

Il fut témoin dans plusieurs assemblées royales et signa plusieurs chartes avec les principaux personnages de ce temps, tels que Hugues de Vermandois, frère de Philippe Ier, le comte de Flandre, le sire de Montmorency, etc.

Guy Ier fit certains aménagements dans son château.

Il fit construire le prieuré de Saint-Pierre et l'église Notre-Dame pour les habitants du bourg.

Il fonda le prieuré Longpont et fit achever l'église.

Hodierne, sa femme, était très pieuse; aussi elle usa de son droit sur son mari, pour que celui-ci obtînt de Geoffroy, évêque de Paris, la concession de l'église de Long-pont, ce qui lui fut accordé en échange de certaines redevances.

L'an 1075, Hodierne fit le voyage de Cluny pour demander à Hugues Ier, vénérable abbé de cette abbaye, une colonie de fervents réligieux. Sa demande fut accordée, et Longpont vit bientôt dans ses murs 22 moines ayant à leur tête

un prieur nommé Robert, désigné
par Hugues Ier pour diriger cette
nouvelle communauté.

Sur son ardent désir, Hodierne
fut inhumée devant l'église de cette
paroisse.

En 1651, le 30 août, Michel Le-
masle, seigneur des Roches et prieur
de Longpont, fit transporter les
restes de Hodierne dans le chœur
de l'église.

Guy Ier de Montlhéry ayant allié
tous ses enfants aux plus grandes
familles de France, et se voyant âgé,
voulut mourir en paix et en chré-
tien. Il se fit religieux au prieuré de
Notre-Dame de Longpont, après
avoir laissé à son fils aîné Milon,
sa seigneurie de Montlhéry.

Après sa mort, il fut inhumé comme son épouse dans l'église de Longpont.

Par sa vaillance et ses exploits, Milon Ier de Montlhéry acquit le surnom de *Grand,* mais il ne fut pas aussi dévoué à Philippe Ier que son père l'avait été.

Philippe Ier eut en Milon Ier un puissant adversaire. Chaque jour le roi de France perdait de sa force morale et physique, depuis sa liaison adultère avec Bertrade de Montfort, tandis que Milon Ier, par la position stratégique de son château, devenait de plus en plus redoutable.

La croisade de Pierre l'Hermite devait lui rendre tout son prestige.

Milon Ier de Montlhéry, Guy Troussel, son fils aîné, Guy-le-

Rouge, son frère, et Hugues de Crécy, partirent ensemble pour la croisade.

Sa femme Lithieuse, vicomtesse de Troyes, et ses plus jeunes enfants, restèrent au château avec le châtelain et un certain nombre de chevaliers.

Milon Ier se distingua dans plusieurs combats héroïques, sous les murs de Jérusalem. Il revint couvert de gloire à son château de Montlhéry, mais là une déception funeste l'attendait.

Son fils, Guy Troussel, qu'il croyait mort bravement à Jérusalem, l'avait devancé en s'enfuyant de la croisade, et était revenu au milieu de sa famille.

Quelques années plus tard, Milon Ier dit le Grand, se rendait de nouveau à la Terre sainte. Il fut fait prisonnier à la bataille de Ramlah, l'an 1103, et mourut à la suite de ses blessures.

Guy II Troussel devint forcément seigneur de Montlhéry; mais, par suite du peu de crédit qu'il avait auprès de la noblesse, il dut se plier aux exigences de Philippe Ier qui lui demandait l'abandon de son château de Montlhéry.

Cependant, il ne consentit que d'après certaines conditions.

Il exigea que Philippe de Melun, fils naturel de Philippe Ier, épouserait Élisabeth, son unique héritière.

Ce mariage eut lieu en 1104. L'année suivante 1105, le roi et sa cour résidèrent à Montlhéry.

Pendant plusieurs années, Philippe Ier avait abandonné ses fonctions à son fils Louis, et se livrait entièrement aux plaisirs que lui rendait Bertrade de Montfort.

Les seigneurs de l'Ile de France profitèrent de son insouciance pour attaquer sa redoutable principauté. C'est à la suite de plusieurs combats acharnés, dont son fils Louis sortit victorieux, que ce dernier reçut le nom de *Louis l'Éveillé* ou *le Batailleur*.

Milon, vicomte de Troyes, frère cadet de Guy Troussel, profita du désarroi qui régnait au château de Montlhéry. Accompagné des Garlande, de plusieurs barons, de sa mère, et d'une troupe de soldats, il se présenta aux portes de Montlhéry.

A l'aide de conspirateurs et de traîtres qu'il avait gagnés, il pénétra dans le château très adroitement.

Un combat sanglant eu lieu dans l'enceinte.

Alix de Rochefort, femme de Guy-le-Rouge, et sa fille Lucienne, s'étaient réfugiées dans la tour principale.

Guy parvint, non sans peine, à rétablir la paix au château.

Louis-le-Batailleur, qui était en ce moment absent de son domaine, rentra à la hâte, et pour éviter de semblables surprises, il rasa les fortifications de son château, mais conserva la tour principale.

En 1108, Louis VI devenu roi de France, fit don à son frère naturel, Philippe de Melun, de la forteresse de Montlhéry ; puis, par suite d'en-

tente avec sa mère Bertrade de Montfort et d'autres barons, il rendit le
château de Montlhéry à Hugues de
Crécy, ce qui donna lieu à de nouveaux combats, et la victoire au roi
de France.

En 1110, Louis VI donna pour seigneur aux habitants de Montlhéry,
Milon II.

Hugues de Crécy nourrissait une
vengeance et l'espoir de rentrer
dans Montlhéry.

Il dressa une embuscade, fit prisonnier Milon II et le traîna dans
les cachots de la forteresse de Montlhéry, où, après l'avoir étranglé et
afin de faire croire à un suicide, il
le précipita d'une fenêtre de la *Tour-
de-bois*.

Le lendemain matin, son cadavre fut trouvé au pied de la forteresse par des bergers.

Le prieur Henri de Longpont réclama son corps et l'inhuma au monastère, en présence de Gilbert, évêque de Paris, de Louis VI et de toute sa cour.

L'opinion publique accusait ouvertement Hugues de Crécy comme étant l'assassin de Milon II.

Louis VI alla faire le siège du château de Hugues de Crécy, à Gometz. Il s'en empara et condamna Hugues de Crécy à être entendu et jugé devant la cour d'Amaury de Montfort.

Le champ-clos fut dressé dans une prairie du manoir de Montfort.

Étaient présents : Louis VI, ro de France et la cour, Henri, ro d'Angleterre, Thibaut, le comte de Blois.

Hugues de Crécy, fléchissant sous la honte et n'osant soutenir ce combat, fit l'aveau de son meurtre, abandonna le château de Montlhéry au roi de France, et se retira dans un cloitre, l'an 1118.

CHAPITRE II

LES PRÉVOTS ET LES COMTES

1118-1465

Louis VI, après ces événements tragiques, confia le château de Montlhéry à des Prévots, qui prirent successivement le titre de châtelains, capitaines, etc., mais qui devaient, d'après l'ordre et la volonté du roi de France, restituer à ce dernier la forteresse de Montlhéry.

Louis VII, fils du roi, occupa à différentes reprises, avec son ministre Suger, le château de Montlhéry.

il fit construire plusieurs habitations non loin des deux églises qui existaient dans l'enceinte de la forteresse.

L'an 1160, Louis VII fonda, dans le bourg, la léproserie de Saint-Pierre, appelée actuellement l'Hôtel-Dieu.

Au-dessus du portail, on lit l'inscription suivante :

Fondé par Louis VII.

En face l'Hôtel-Dieu, se trouve la chapelle de Notre-Dame du Mont-Carmel, qui fut par la suite agrandie et qui s'appelle de nos jours l'église de la Sainte-Trinité.

Il est très facile, encore aujourd'hui, de reconnaître à l'intérieur de l'église, par les arcades et les ogives, ce qu'était à l'époque primitive, la chapelle de Notre-Dame du Mont-Carmel.

De 1180 à 1223, Philippe-Auguste habita presque sans interruption la forteresse de Montlhéry.

1223 à 1223, saint Louis et sa mère la reine Blanche de Castille, y résidèrent un certain laps de temps, mais principalement au château de Bruyères.

Sous Philippe-le-Bel, la forteresse de Montlhéry servit de prison d'État; le comte de Hainaut, Jean d'Avesnes, y fut enfermé de 1292 à 1293.

Plus tard, en 1311, ce fut le tour de Louis de Nevers, qui s'échappa malgré la vigilance de ses gardes, et vint habiter à Paris son hôtel situé près du Louvre.

Pendant les premières années de son règne, Jean-le-Bon séjourna à Montlhéry. Son plaisir extrême était la chasse dans les forêts de Linas, de Marcoussis et de Séquigny.

Charles V, pendant la captivité de son père, résida au château de Montlhéry.

Pendant la guerre de Cent ans, Montlhéry sentit le contre-coup des haines et des rivalités qui existaient entre les maisons d'Orléans et de Bourgogne.

Les Anglais, en 1358, assiégèrent le château, mais en vain.

Le 31 mars 1360, Édouard III s’empara de la forteresse, qui était défendue par le capitaine Jean de Hangest.

Le 4 avril de la même année, les Anglais brûlèrent le bourg ; mais après une vigoureuse résistance, les soldats de Charles VI s’en emparèrent.

En 1385, on confia la garde et la capitainerie du château à Olivier de Clisson, jusqu’à sa démission qu’il donna à la suite d’un guet-apens tramé contre lui par le duc de Bretagne.

En 1392, il revint dans ce château chercher un asile, au moment où les oncles de Charles VI voulurent le faire arrêter après son accès de démence; mais Clisson, prévenu, fila à travers la campagne et gagna la Bretagne.

En 1409, les Armagnacs s'emparèrent de Montlhéry. Peu de temps après, la reine Isabeau de Bavière traita de la paix, et le 2 novembre de l'année suivante (1410) les Armagnacs quittèrent Montlhéry.

En 1411, les Armagnacs reviennent dans Montlhéry; ils rançonnent et torturent les habitants sous toutes les formes.

En 1413, le duc de Bourgogne chasse les Armagnacs de la forteresse. Jean de Croi, prisonnier, fut, par ordre de la reine Isabeau de Bavière, enfermé au château de Montlhéry. Son père envoya plusieurs cavaliers pour le délivrer.

Ils s'emparèrent de sa personne, au moment où il se rendait à l'église du Bourget, le conduisirent au galop à Saint-Denis, sur un cheval préparé à cet effet, où l'attendaient son père et le duc de Bourgogne Jean-sans-Peur.

Le 8 octobre 1417, Jean-sans-Peur dévasta les environs de Paris, et se retira dans Montlhéry après avoir fait le siège de la forteresse. Mais le prévôt de Paris, Tanneguy-Duchâtel, sur la plainte des Parisiens, se mit à la tête de ces derniers, marcha sur Montlhéry et prit la forteresse en janvier 1418.

De 1423 à 1438, Montlhéry tomba au pouvoir des Anglais.

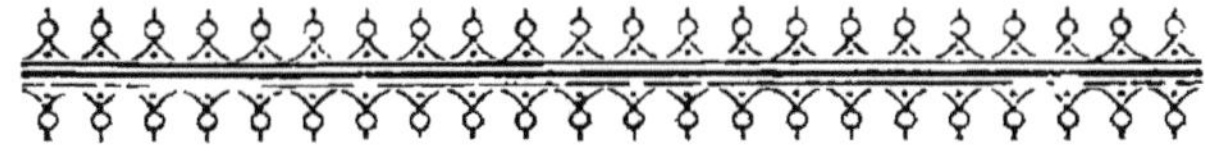

CHAPITRE III

BATAILLE DE MONTLHÉRY

1465

Au commencement du règne de Louis XI, en 1465, Montlhéry, qui avait été en paix depuis l'expulsion des Anglais, se vit forcé de livrer une bataille sanglante, dans la plaine de Longpont, entre les armées de Charles-le-Téméraire comte de Charolais, et du roi de France. C'est à cette bataille qu'on fit usage, pour la première fois, du canon en bois et cerclé en fer.

Cette guerre mit fin à la *Ligue du Bien public*.

Ici je laisse la parole à l'historien Philippe de Commines, qui assistait à cette bataille.

« Louis XI s'était rendu en
« Auvergne et dans le Bourbonnais,
« pour soumettre Jean II de Bour-
« bon qui faisait cause commune
« avec les seigneurs révoltés ; mais
« apprenant que Charles, comte de
« Charolais, fils du duc de Bour-
« gogne, s'avançait vers Paris, il
« revint sur ses pas pour couvrir la
« capitale. Le comte de Charolais
« marcha à sa rencontre ; d'ailleurs,
« il allait ainsi au-devant des ren-
« forts que Charles, duc de Berri, et
« le duc de Bretagne lui amenaient.

« Après avoir passé la Seine au
« pont de Saint-Cloud, le comte de
« Charolais s'en alla loger à Long-
« jumeau, et le comte de Saint-Pol
« avec toute son avant-garde à
« Montlhéry. Ils envoyèrent des
« espions et des courriers dans la
« campagne pour s'informer de
« l'arrivée du roi et du chemin
« qu'il suivait.

« En présence du comte de Saint-
« Pol on choisit, dans la plaine de
« Longjumeau, l'emplacement où
« il conviendrait de livrer bataille,
« et il fut arrêté qu'aussitôt que le
« comte de Saint-Pol verrait venir
« les troupes royales il se replierait
« sur Longjumeau.

« Cependant le roi, qui arrivait à
« Châtres (Arpajon), tint conseil, et
« il chargea le sénéchal de Nor-

« mandie, Dreux-Brézé, de conduire
« l'avant-garde et les guides, parce
« qu'il voulait éviter la bataille,
« mais seulement rentrer dans Paris,
« sans se rapprocher des Bourgui-
« gnons.

« Le mardi 16 juillet 1645 cette
« avant-garde atteignit Montlhéry
« où le comte de Saint-Pol était
« logé. Celui-ci, croyant avoir
« affaire à toute l'armée royale,
« prévint, en toute hâte, le comte
« de Charolais qui attendait près de
« Longjumeau, au lieu où il avait
« été décidé qu'on livrerait bataille.
« Il lui demandait de venir le secou-
« rir, car déjà, disait-il, il avait fait
« mettre les hommes d'armes à
« pied, il avait réuni les archers,
« entouré sa troupe de son charroi,
« de telle sorte que retourner vers

« lui comme il lui avait été ordonné
« était devenu impossible, et que
« c’eût été fuir devant l’ennemi. Le
« comte de Charolais lui envoya
« immédiatement le bâtard Antoine
« de Bourgogne, avec une troupe
« considérable, et lui-même, après
« quelque hésitation, partit pour
« les rejoindre ; il était sept heures
« du matin quand il arriva devant
« Montlhéry, et déjà cinq ou six
« enseignes (compagnies) du roi
« étaient arrivées au long d’un
« grand fossé qui séparait les deux
« troupes.

« Le comte de Charolais trouva
« le comte de Saint-Pol à pied, et
« ses troupes se mirent successive-
« ment à la file, au fur et à mesure
« qu’elles arrivaient. Les archers
« étaient préparés au combat, ayant

« chacun un pieu planté devant lui,
« et l'on avait défoncé plusieurs
« pipes de vin pour les faire boire.
« Il fut d'abord convenu que tout
« le monde se mettrait à pied pour
« combattre, mais bientôt la plu-
« part des hommes d'armes chan-
« gèrent d'avis et remontèrent à
« cheval; un petit nombre des plus
« vaillants, et parmi ceux-ci mon-
« seigneur Des Querdes (d'Es-
« querdes), et son frère Philippe de
« La Laing, à l'imitation des An-
« glais, persistèrent à rester à pied
« au milieu des archers.

« L'armée royale venait à la file
« par la route qui traversait la forêt
« de Torfou, il n'y avait guère que
« quatre cents hommes d'armes
« réunis quand les Bourguignons
« les virent, et ces derniers les

« eussent certainement battus s'ils
« les avaient voulu attaquer, car
« ceux de derrière n'y pouvaient
« venir qu'en file, mais leur nombre
« augmentait de minute en minute.

« Le sieur de Contay, chevalier
« réputé pour sa sagesse, vint dire
« au comte de Charolais que, s'il
« voulait gagner la bataille, il était
« temps qu'il marchât ; on perdit un
« temps précieux à discuter, et déjà
« l'affaire était engagée au bout de
« Montlhéry entre les archers des
« deux partis.

« Les archers du roi, bien armés,
« bien équipés, étaient conduits par
« Poncet de la Rivière, c'étaient
« tous ce que l'on appelait des
« archers d'ordonnance « orfaveri-
« sez et bien en point » ; les archers
« bourguignons, plus nombreux,

« mais moins bien équipés, com-
« battaient sans ordre et en volon-
« taires.

« Ces derniers gagnèrent une
« maison, prirent deux ou trois
« portes, et s'en servirent comme
« des boucliers.

« Ils commencèrent par entrer
« dans la grand'rue de Montlhéry
« et mirent le feu à une maison. Le
« vent, poussant le feu vers les
« gens du roi, les força à la retraite,
« et ils montèrent à cheval et com-
« mencèrent à fuir. A cette nou-
« velle, le comte de Charolais,
« cessant toute indécision, donna
« l'ordre de marcher en avant.

« Les archers du comte de Cha-
« rolais allaient à pied et en dé-
« sordre devant lui. Il avait été
« convenu que l'on marcherait en

« trois fois, pour leur permettre de
« se reposer deux fois et de re-
« prendre haleine, parce que la
« distance qui séparait encore les
« deux armées était grande. L'ar-
« mée royale se trouvait du côté du
« château de Montlhéry, et il y
« avait entre elle et les Bourgui-
« gnons une grande haie protégée
« par un fossé. De plus, les champs
« étaient couverts de bleds, de
« fèves et d'autres grains très forts.
« Mais le comte de Charolais,
« pressé d'en venir aux mains, fit
« franchir l'espace qui le séparait de
« la haie, derrière laquelle s'abri-
« taient les archers et les troupes
« du roi, en une seule traite; ses
« troupes arrivèrent harassées, cou-
« vertes de poussière; les gens
« d'armes du roi tournèrent alors

« les deux extrémités de la haie, et
« s'apprêtèrent à recevoir, lances
« baissées, le choc des Bourgui-
« gnons. Ce que voyant les hommes
« d'armes bourguignons qui étaient
« remontés à cheval, ils bouscu-
« lèrent leurs propres archers, sans
« leur permettre de décocher même
« un seul trait.

« A gauche, du côté des Bour-
« guignons, du côté de Longpont,
« étaient le sire de Ravenstein, le
« comte de Saint-Pol, et plusieurs
« autres ; mais trop peu nombreux
« et mal armés, ils furent culbutés
« jusqu'au charroi ; la plupart s'en-
« fuirent même jusque dans la forêt
« (la forêt de Séquigny) qui était à
« une demi-lieue de là.

« Au charroi, se rallièrent quel-
« ques gens de pied bourguignons.

« Ceux qui, du côté de l'armée
« royale, avaient ainsi mené cette
« attaque étaient les nobles du
« Dauphiné et beaucoup de gens
« d'armes; tous croyaient avoir
« gagné la bataille, et, de ce côté,
« il y eut une grande fuite de Bour-
« guignons et de grands person-
« nages; ils fuyaient la plupart pour
« gagner Pont-Saint-Maxence. Mais
« beaucoup s'arrêtèrent dans la
« forêt, et parmi eux le comte de
« Saint-Pol, qui était assez bien
« accompagné, car le charroi était
« assez près de ladite forêt.

« Cependant le comte de Charo-
« lais, à peine suivi d'un petit
« nombre des siens, avait chassé
« jusqu'à une demi-lieue au delà
« de Montlhéry, la foule des archers
« royaux qu'il avait devant lui, et

« déjà il se croyait victorieux,
« lorsque Antoine le Breton, vieux
« gentilhomme de son parti, lui
« vint dire que derrière lui les
« Français se ralliaient, et que s'il
« continuait sa poursuite, il se
« perdrait infailliblement. Charles
« ne tint d'abord pas compte de
« cet avis, qui lui fut répété deux
« ou trois fois ; mais monseigneur
« de Contay le lui donnant de nou-
« veau avec insistance, il rebroussa
« chemin. Il était temps, car il ne
« s'en fallut de deux traits d'arc
« qu'il ne fût pris. En repassant
« dans Montlhéry, à peine accom-
« pagné de cent chevaux, il eut à
« traverser la multitude des fuyards
« royaux qu'ils avaient dépassé ; la
« plupart se sauvèrent par les jar-
« dins, mais l'un d'eux, se retour-

« nant, lui lança un vouge (épieu),
« dans la poitrine. Comme il pas-
« sait auprès du château, il vit les
« archers de la garde du roi, rangés
« devant la porte, qui ne bougèrent,
« ce qui l'étonna fort, car il ne
« pensait plus trouver ombre de
« résistance. Il se détourna donc
« du chemin qu'il suivait pour
« gagner le large, et comme une
« partie des siens s'était déjà sépa-
« rée de lui, il se vit attaquer par
« quinze ou seize hommes d'armes
« environ, qui d'abord tuèrent son
« écuyer tranchant, Philippe d'Oi-
« gnies, qui portait son guidon, et
« l'attaquèrent ensuite ; entre autres
« coups il reçut un coup d'épée
« dans la gorge dont il conserva
« plus tard la marque le reste de sa
« vie. Un homme d'armes lui mit

« la main dessus, lui disant : Mon-
« seigneur, rendez-vous, je vous
« connais bien, ne vous faites pas
« tuer » ; enfin il fut délivré par
« le fils d'un médecin de Paris,
« maître Jean Cadet, qui rompit la
« troupe des assaillants.

« Les gens du roi se retirèrent
« tous sur le bord du fossé où on
« les avait vus le matin, et le comte
« de Charolais regagna un groupe
« des siens qui s'avançait. Des
« archers du comte, il n'y en avait
« pas quarante en tout, et les gens
« d'armes qui l'entouraient étaient
« au nombre d'une trentaine ; pen-
« dant une demi-heure on dut
« songer à la fuite, si l'on eût
« été attaqué par une centaine
« d'hommes, mais peu à peu il
« arriva des groupes de dix à vingt

« hommes qui grossirent ce noyau
« d'armée. Bientôt le comte de
« Saint-Pol sortit du bois avec une
« quarantaine d'hommes d'armes,
« quelques gens de pied les rejoi-
« gnirent; en un instant le comte
« de Charolais eut rallié huit cents
« hommes d'armes.

« Le fossé et la haie restaient de
« nouveau, entre les Bourguignons
« et les troupes royales; on se
« canonna de part en part. Les
« Bourguignons, plus nombreux,
« auraient voulu recommencer le
« combat, et s'ils eussent pu trou-
« ver cent archers pour tirer au
« travers de la haie, ils eussent,
« sans doute, décidé de la retraite
« des gens d'armes du roi. La nuit
« vint, et comme le roi se retirait
« vers Corbeil, les Bourguignons

« l’ignorèrent parce que le feu prit
« accidentellement au charroi des
« Français, le long de la haie, et
« qu’ils crurent que c’étaient les
« feux de campement de ceux-ci.

« Le comte de Saint-Pol, le sire
« de Hautbourdin, firent amener le
« charroi des Bourguignons et l’on
« campa à environ trois jets d’arc
« de l’ennemi.

« Le comte de Charolais se dé-
« sarma. On pansa la blessure qu’il
« avait au cou; il se fit donner à
« manger, et commanda qu’on lui
« apportât deux bottes de paille
« pour s’asseoir. Ce lieu était cou-
« vert de cadavres tout dépouillés.
« Comme on les rangeait pour lui
« faire place, il y eut un pauvre
« homme qui, un peu ranimé par
« le mouvement, reprit quelque

« connaissance et demanda à boire.
« Le comte lui fit verser dans la
« bouche un peu de sa tisane, car
« il ne buvait jamais de vin. Le
« cœur revint à ce blessé; c'était
« un des archers de la garde; on le
« fit soigner et guérir.

« Le comte et ses capitaines,
« assis sur un tronc d'arbre le long
« d'une haie, tinrent conseil sur ce
« qu'il y avait à résoudre. Le comte
« de Saint-Pol, le sire de Haut-
« bourdin, étaient d'avis qu'on bru-
« lât les bagages, qu'on sauvât l'ar-
« tillerie et qu'on prît la route de la
« Bourgogne; le sire de Contay se
« montra d'un avis contraire. Il
« conseilla de passer la nuit à se
« remettre en ordre et en bon état,
« pour reprendre l'attaque dès le
« lendemain.

« Si Dieu, disait-il, a sauvé mon-
« seigneur d'un tel danger, c'est
« afin de poursuivre son dessein. »
« Le comte de Charolais adopta cet
« avis, encouragea tout le monde,
« donna ses ordres, s'endormit pour
« deux heures seulement, et com-
« manda qu'on fût prêt dès que sa
« trompette sonnerait.

« Au matin, l'aube du jour on
« apprit par un charretier bourgui-
« gnon, le départ du roi. Le comte
« de Charolais resta encore ce jour-
« là à Monthéry, il fut rejoint par
« beaucoup de ceux qui s'étaient
« cachés dans les bois.

« Le surlendemain , troisième
« jour de la bataille, le comte de
« Charolais alla coucher à Mont-
« lhéry même, dont les habitants,
« en partie, s'étaient enfuis au clo-

« cher de l'église, et en partie au
« château. Il les fit revenir, et ne
« perdirent pas un denier vaillant;
« chacun des siens paya son écot,
« comme s'il eût été en Flandre.

« Le château tint bon pour le
« roi, et ne fut point assailli. Le
« troisième jour passé, le comte de
« Charolais partit pour Étampes. »

A la suite de cette bataille, les
morts des deux armées, Français et
Bourguignons, s'élevèrent à 4,000.

Ils furent enterrés séparément
dans le cimetière encore appelé
actuellement, le *Cimetière des Bourguignons.*

Les deux armées s'attribuèrent
chacune la victoire.

Le lieu où la bataille fut livrée, figure encore dans le cadastre sous le nom de : champtier du champ de bataille.

Le bourg de Montlhéry avait beaucoup souffert de cette bataille.

Une partie fut brûlée et détruite.

Les habitants se ressentirent longtemps de cette lutte terrible, car le roi Louis XI ne fit rien pour les dédommager, ni les relever des pertes qu'ils avaient subies.

CHAPITRE IV

LES SEIGNEURS ENGAGISTES

1529-1794

En 1529, le roi François Ier cédait la seigneurie de Montlhéry à François d'Escars, seigneur de la Vauguyon et époux d'Isabeau de Bourbon, en échange des seigneuries et châtellenies de Buquoy, Bonelles en Flandre, etc.

Depuis lors, Montlhéry n'appartint plus à la couronne qu'indirectement.

Il eut pour chefs des seigneurs engagistes, qui payaient au roi une somme annuelle ; ils administraient et profitaient des revenus de la seigneurie.

François d'Escars fut le premier seigneur engagiste (en 1529).

Le 9 juillet 1540, les habitants de Montlhéry obtinrent de François Ier l'autorisation d'élever des murailles avec pont-levis, tours, fossés et barbacanes.

En 1543, les commissaires royaux rachetèrent à François d'Escars, le château de Montlhéry et le cédèrent à Claude de Clermont, seigneur de Dampierre, pour 6,000 livres.

En 1547, les commissaires royaux le rachetèrent, et le chancelier François-Olivier, seigneur de Leuville, devint engagiste pour la somme de 11,600 livres.

En 1562, le prince de Condé, à l'aide des calvinistes, s'empara de Montlhéry et le livra au pillage.

Les religieux du monastère de Marcoussis et de Longpont trouvèrent un refuge dans Paris.

Le chancelier René de Birague succéda à Ollivier de Leuville, comme seigneur engagiste de Montlhéry, pour la somme de 6,300 écus.

En 1575, le seigneur engagiste fut François de Balsac d'Entrague, seigneur de Bois-Malesherbes et de Marcoussis.

En 1587, Henri III commanda aux habitants de Montlhéry de réparer les fortifications de la ville.

La porte de Linas, appelée à cette époque porte Baudry, fut rebâtie aux frais des habitants de Montlhéry.

Au commencement du xixe siècle, la porte Baudry fut de nouveau réparée, comme l'atteste actuellement l'inscription ci-dessous, gravée sur une plaque en marbre noir :

Cette porte,
bâtie dès l'an 1015
par Thibaut File-Etoupe,
fut rebâtie en 1589 sous Henri III
et restaurée sous le consulat de Bonaparte
l'an VIII de la République,
par Goudron du Tilloy, maire.

A la mort de Henri III, Henri de Navarre fut nommé roi de France, sous le nom de Henri IV.

Sous son règne, Montlhéry recouvra le calme et la paix que ce bourg n'avait pas depuis longtemps.

En 1596, Henri IV fit son entrée dans Montlhéry, accompagné du légat Alexandre Octavien de Médicis, qui plus tard devint pape sous le nom de Léon XI.

Le 15 septembre 1603, sous le règne de Henri IV, Jérôme Le Maistre, seigneur de Bellejambe, fut autorisé à prendre les pierres du château de Montlhéry pour élever son habitation de Bellejambe et l'entourer de fossés.

Ses jambes grêles prêtaient à rire et pour cette raison, il obtint par la suite, du roi Henri IV, le droit de changer le nom de Bellejambe en celui de Bellejame.

Le septième seigneur engagiste de Montlhéry, fut Armand Duplessis, évêque de Luçon, qui devint par la suite le cardinal de Richelieu.

En 1627, Louis XIII acheta la seigneurie de Montlhéry pour son frère Gaston d'Orléans.

Ce dernier conserva ce château jusqu'à sa mort (1660).

Par lettres patentes du 19 juin 1662, Louis XIV abandonna à sa veuve Marguerite de Lorraine, la jouissance des dépendances et du château de Montlhéry. Mais la même année, Marguerite de Lorraine, par contrat passé devant Lecarron et Calois, notaires au Châtelet de Paris, rétrocéda ce domaine à Guillaume de Lamoignon, premier président au Parlement de Paris.

En 1677, après la mort de Guillaume de Lamoignon, sa veuve conserva le château de Montlhéry.

En 1696, Jean Phélippeaux, conseiller d'État, devint seigneur engagiste de Montlhéry, moyennant la somme de 6,600 livres.

En 1701, Philippe d'Anjou, petit-fils de Louis XIV, allait en Espagne pour régner sous le nom de Philippe V.

Il devait traverser Montlhéry.

Louis Chanceau, natif d'Orléans et curé de Montlhéry, se présenta aux portes de la ville pour le recevoir.

« Sire, lui dit Chanceau, les longs discours sont incommodes et les discoureurs ennuyeux ! Je me contenterai seulement de vous chanter : »

« Tous les bourgeois de Châtres et ceux
[de Montlhéry
Mènent fort grande joye en vous voyant ici ;
Petit-fils de Louis, que Dieu vous accompagne
Et qu'un prince si bon,
Don, Don,
Cent ans et par de là,
Là, là,
Règne sur les Espagnes ! »

Bis, monsieur l'abbé ! s'écria Philippe d'Anjou, glorieux et satisfait du chansonnier l'abbé Chanceau.

Celui-ci répéta son couplet avec plus de verve et plus d'entrain.

Le roi, en récompense, lui fit donner dix louis.

L'abbé Chanceau, tout joyeux de son succès, s'écria : Bis, sire !

Le roi, trouvant la réponse plaisante et pleine d'esprit, lui fit donner le double de la somme.

En 1716, l'abbé Chanceau consacra les fonts baptismaux que l'on voit actuellement. Le sculpteur fut Charlemagne Bodin, natif de Montlhéry.

En 1708, Bodin des Perriers, procureur du roi de Montlhéry, fit élever dans le bas de la grande rue, pour remplacer l'église Saint-Pierre en ruine, et Saint-Louis depuis longtemps détruite, une chapelle nommée Notre-Dame de l'Assomption.

Pierre de Maillé, officier de Madame la Duchesse de Berry, y fut inhumé le 14 mai 1726.

Il y a quelques années seulement, cette chapelle servait d'atelier de forges et de charronnage aux frères Cordeau.

Le dernier seigneur de Montlhéry fut le maréchal de Mouchy, comte de Noailles.

Malgré les services qu'il avait rendus au roi et à son pays, tous ses biens furent confisqués lors de la Révolution.

Pendant la Terreur, il fut enfermé ainsi que sa femme, la fille de Louis de Séverac, marquis d'Arpajon. Et malgré les bons souvenirs qu'ils laissaient dans la contrée, ils furent conduits de prison en prison, et le 17 juin 1794, ils furent guillotinés.

Lors de la nouvelle division française en départements, arrondissements et cantons, Montlhéry et Linas demandèrent la réunion de leur bourg; mais l'Assemblée Nationale ne fit pas droit à leur requête, bien qu'ils s'appuyassent sur des motifs fondés et irréfutables.

Il y eut à Montlhéry, de 768 à 1764 :

1° Six comtes ou sires;

2° Soixante-sept prévôts royaux ;

3° Quinze seigneurs engagistes.

Montlhéry avait sous sa dépendance environ cent quarante-cinq fiefs, manoirs, chastels et seigneuries, et plus de cent dix fiefs ecclésiastiques.

CHAPITRE V

REQUÊTE DES HABITANTS
DE MONTLHÉRY

1789 (Extrait des archives)

Cahier des doléances, plaintes, vœux et remontrantes du Tiers-État de la ville de Montlhéry, du ressort du Châtelet de Paris, délibérés et arrêtés en assemblée générale du dit Tiers-État, convoquée en exécution du Règlement de Sa Majesté, du 24 janvier dernier, pour la tenue des États-Généraux du Royaume, et présidée par M. François Lorgery, avocat au Parlement et prévôt de la prévôté du dit Montlhéry.

Pour entrer dans les vues bienfaisantes de Sa Majesté et concourir au bien général du Royaume, le tiers-état de la ville soumet à la délibération des États-Généraux les objets contenus aux articles suivants qu'il estime propres à contribuer essentiellement au soutien de l'État et au bonheur des peuples :

Art. 1er. — Suppression de tous les impôts sous quelque dénomination qu'ils soient établis. Création d'un seul impôt qui sera établi proportionnellement sur les biens-fonds, sur le commerce et sur l'industrie, supporté par tous les ordres de l'État indistinctement, dans une proportion telle que le taux d'une province n'excède pas celui d'une autre.

Point d'exemptions, privilèges ni abonnements. Les États-Généraux détermineront dans quelle proportion le commerce et l'industrie devront contribuer au paiement du dit impôt. Leur sagesse déterminera si les journaliers ou manouvriers doivent y être assujettis.

Art. 2. — Suppression du droit d'aides sur les boissons et singulièrement du droit odieux du gros manquant. Établissement d'un droit unique sur les boissons.

Art. 3. — Suppression des gabelles, le sel rendu marchand, les propriétés exclusives des salins conservées au Roi, l'uniformité du prix du sel dans les salines.

Art. 4. — Les États-Généraux détermineront une nouvelle manière de régir la partie du tabac et d'en procurer la diminution du prix ; même, s'il se peut, de le rendre marchand dans l'intérieur du Royaume.

Art. 5. — Suppression de tous les droits sur les bestiaux de consommation, denrée de première nécessité.

Art. 6. — Réformation des abus relatifs aux pensions.

Art. 7. — Suppression des Élections; leurs fonctions attribuées aux Juges Royaux.

Art. 8. — Suppression des juridictions des Eaux et Forêts. Réunion de leurs fonctions aux Juges ordinaires, quant au contentieux. L'administration confiée aux Assemblées provinciales.

Art. 9. — Le droit de chasse restreint et limité.

Art. 10. — Destruction de tous les lapins dans les bois de remise quelconques. Les pigeons enfermés dans le temps que les semailles et moissons peuvent être exposées à leurs incursions. Permis à toutes personnes de les prendre, dans ce temps, dans leurs possessions.

ART. 11. — Les fonds de terrains pris pour les constructions des grandes routes et des routes de chasse remboursés aux propriétaires riverains, sauf, s'ils y manquent, à les y contraindre ou à répéter contre eux les frais de plantation.

ART. 12. — Les baux à loyer faits par les titulaires de bénéfices pour six ans à l'égard des maisons, et neuf ans pour les biens de la campagne, et sans fraude, exécutés nonobstant décès ou démission des titulaires.

ART. 13. — Réformation du code civil et du code criminel. Des règles simples et faciles faites pour l'instruction des procès et instances. La célérité des jugements. La diminution des frais.

ART. 14. — Formation d'arrondissements de justices seigneuriales dont les sièges seraient établis dans les villes ou bourgs où il y a un marché, à la distance de 4 à 6 lieues; dont les officiers seraient nommés concurremment par les seigneurs des Justices dont l'exercice serait réuni, qui supporteraient proportionnellement les frais de l'administration.

ART. 15. — Restriction des Juridictions consulaires aux villes de commerce où elles sont établies à leur banlieue.

ART. 16. — Suppression du privilège des bourgeois de Paris de ne pouvoir être contraints et plaider en défendant ailleurs qu'au Châtelet. Suppression de l'attribut de juridiction du scel du Châtelet et de tous les droits de *committimus*, lettres de gardes-gardiennes, évocations, si ce n'est en cas de connexité et de litispendance seulement.

ART. 17. — Suppression des Jurés priseurs et des 4 deniers pour livre, comme onéreux au peuple, surtout aux veuves et orphelins, et contraires' à la liberté du choix et du placement de la confiance.

ART. 18. Suppression des droits seigneuriaux qui ressentent la servitude et des droits de minage.

ART. 19. — La rénovation des papiers terriers devenue abusive par l'avidité des feudistes, leur extension et leur durée interminable fixée à cent ans. Une seule reconnaissance

des biens et héritages à chaque rénovation, sauf aux seigneurs à faire
reconnaître dans un temps utile les
redevances sujettes à prescription.

ART. 20. — Abolition des droits
de franc-fief.

ART. 21. — Réformation du tarif
des droits de contrôle. Les droits
diminués, surtout dans les actes de
famille, dans les transactions et autres actes qui tendent à concilier les
parties. Les dits droits dégagés de
l'extension que les commis leur
donnent et que l'administration au-
torise. Les notaires de Paris assujettis au paiement des droits comme
à la formalité.

ART. 22. — Le centième denier
non exigible en cas de donation ou
démission de propriété par les pères
et les mères en faveur de leurs en-

fants de soulte en partage, soit en directe, soit en collatérale, même en cas de succession collatérale. Point de droit en sus dans aucun cas.

Art. 23. — Le tarif de l'insinuation rectifié, les droits modérés, surtout dans les contrats de mariage et autres actes de famille, et en faveur des mineurs, non exigible sur leurs préciputs et autres avantages matrimoniaux, même dans le cas de la clause de reprise. Point de droit en sus.

Art. 24. — Suppression des milices. Aviser aux moyens d'y pourvoir et d'éviter les dépenses considérables qu'elles occasionnent aux pères de famille, que la prudence de l'administration n'a pu empêcher et qui ont toujours formé obstacle à la rentrée des impôts.

Art. 25. — Les habitants et propriétaires de fonds déchargés des grosses réparations et reconstructions des nefs des églises paroissiales et des presbytères. Cette charge assise sur les biens ecclésiastiques, ceux des hôpitaux et autres établissements de charité exceptés.

Art. 26. — Les assemblées provinciales chargées de vérifier le produit des récoltes et la consommation. Établissement de magasins dans chaque province pour prévenir la disette, qui puissent fournir à la consommation au moins pendant deux années. L'exploitation du blé permise hors du Royaume, dans le seul cas où il y aurait du superflu constaté par les Assemblées provinciales.

Art. 27. — Défense de vendre

le blé dans les fermes, de tout temps. Cultivateurs obligés d'apporter le blé sur les marchés. Les peines les plus sévères contre les monopoliseurs et les accapareurs.

ART. 28. — Il serait à désirer, pour diminuer le prix de la viande et faciliter la multiplication des bestiaux, que chaque fermier et meunier fût obligé de faire des élèves de poulains et génisses en proportion de son exploitation.

ART. 29. — L'étalonnage des mesures agraires et autres sera attribué aux juges des lieux exclusivement.

ART. 30. — Que nulle permission ne puisse être accordée dorénavant aux charlatans et aux empiriques d'exercer en aucune façon l'art de la chirurgie, et défenses expresses leur soient faites de débiter davantage leurs drogues dans tout le Royaume.

Art. 31. — Au surplus, les députés du Tiers-État de la ville de Montlhéry seront et demeureront autorisés à proposer, remontrer, aviser et consentir tout ce qui peut concerner le bonheur du peuple et pourrait être employé dans le Cahier général de la Prévôté et Vicomté de Paris, même contre et outre le contenu des articles ci-dessus.

Fait, délibéré et arrêté en l'Assemblée générale du Tiers-État de la dite ville de Montlhéry, tenue ce jourd'hui 13 avril 1789.

Signé : Huard; Alorge; Aufray; Saunier; Bachelier; Blin; Charbonneau; Chevalier; Marquant; Moulin; Clozeau; Lorgery.

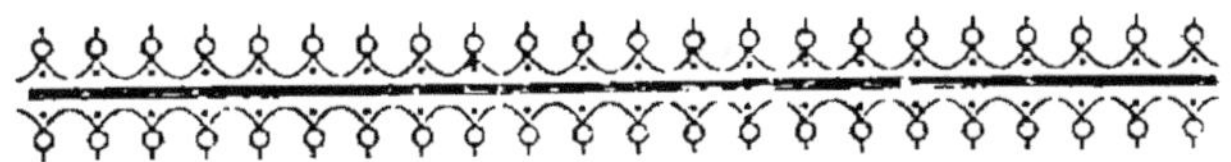

CHAPITRE VI

1794-1881.

Montlhéry est une commune du canton d'Arpajon et de l'arrondissement de Corbeil.

Sa superficie territoriale est de 330 hectares.

Sa population est de 2,200 habitants, et tend à s'accroître de jour en jour, en raison de sa situation agréable, de son air très pur et sain et de sa proximité avec la capitale.

Montlhéry est le centre des pays environnants. — Saint-Michel, la station du chemin de fer de Paris à Orléans, Longpont, la Ville-du-Bois, le Mesnil, Nozay, Marcoussis, Linas, Leuville, Brétigny, etc.

Paris y trouve à ses marchés, qui ont lieu les lundi et jeudi de chaque semaine, un approvisionnement fécond.

Le lundi principalement, il s'y fait un commerce hors ligne; toutes les denrées y abondent et sont de qualité première.

Le marché aux grains est le principal des environs de Paris.

Tous les négociants, meuniers, fermiers de l'arrondissement s'y rencontrent, ainsi que la maison Darblay, de Corbeil. Ils fixent le prix des grains pour le marché de la halle aux blés de Paris, qui a lieu le mercredi et le samedi.

Le marché aux fourrages se tient place de la Souche, et a l'importance du marché au blé.

Les fromages de Montlhéry sont très recherchés, surtout à Paris, où ils font une grande concurrence aux fromages de Brie.

On évalue le commerce de fromages de Montlhéry, annuellement, à 200,000 francs.

Cette charmante localité est un des plus beaux séjours qu'on puisse rêver. Le seul défaut qu'elle a, c'est le manque d'eau à profusion, mais la nature ne peut tout donner.

Cependant, cette petite ville est

dotée d'un puits artésien qui donne l'eau dans toutes les rues, et chez l'habitant, moyennant une rétribution annuelle.

Le gaz y répand sa lumière et le télégraphe contribue puissamment à son progrès, en apportant rapidement dans cette petite ville les premières nouvelles de la capitale.

D'après ce qui précède, on voit que le temps est déjà loin, où le télégraphe aérien de Montlhéry recevait les dépêches par signaux, du Rocher de Sceaux, première station de Paris, pour les transmettre à Torfou et successivement jusqu'à Bordeaux, et enfin, en Espagne.

Actuellement, on arrive à la tour de Montlhéry par la rue de la Tour et par l'ancienne ruelle de l'Église qui vient d'être élargie et qui s'appelle rue Saintin, du nom de son ancien maire, donateur d'une partie de l'une de ses propriétés pour l'élargissement de cette voie.

Cette nouvelle rue commence à la Grande-Rue et longe la partie droite de l'église, dont on répare en ce moment l'extérieur. Cette rue monte en ligne droite jusqu'au pied du sommet de la tour.

A l'extrémité de cette rue est situé le petit café champêtre tenu par Leprêtre, gardien de la Tour et des promenades.

A côté de ce café on voit le réservoir à eau qui alimente les conduits dans la ville. Un peu plus loin, on distingue la Motte de Montlhéry, sur l'origine de laquelle les savants et les archéologues ne sont pas d'accord.

D'après la tradition locale, cette butte aurait été élevée en une nuit, par les Royalistes, celle qui précéda la bataille de Montlhéry en 1465, pour protéger le château contre les Bourguignons, et ce qui confirmerait assez cette tradition, c'est que le terrain voisin de cette motte de terre existe encore en forme d'entonnoir et laisse supposer un déplacement de terre. Chaque jour le volume de cette motte de terrre disparaît à vue d'œil. Le cultivateur avance toujours sur elle au moyen de la pioche. Si cette butte de terrain appartient à l'histoire, à la ville, pourquoi laisse-t-on faire?

A droite du réservoir et à gauche

du chemin principal qui conduit à la Tour, on remarque, en bordure, un petit champ de vigne, dont les murs, à ras du sol, sont les derniers vestiges de l'église Saint-Laurent. Là se trouvaient la première enceinte et le premier pont-levis du château,

Avant d'arriver à la cour d'honneur du château, il fallait franchir trois enceintes, la quatrième était située à l'endroit où on franchit le petit pont, aboutissant à la plate-forme du château, située à 170 mètres au-dessus du niveau de la mer. La tour a 33 mètres de hauteur.

Les murs ont une épaisseur de $2^m,50$; aux deux tiers environ, cette épaisseur diminue et n'est plus que de $1^m,50$.

Le diamètre extérieur du donjon est de 10 mètres et intérieurement de 5 mètres.

L'année 1879-1880, des fouilles ont été effectuées pour reconnaître l'ancien fossé où se trouvait le dernier pont-levis.

On retrouva les fondations du pont-levis et des fossés du château. Les travaux qui se font annuellement ont pour but de remettre approximativement le château et ses dépendances dans leur état primitif; de même qu'il est question de rétablir également les chambres qui existaient, sous Louis XI, à chaque étage et dans l'intérieur de la tour principale. Puis ensuite on établirait dans ces chambres un musée historique et archéologique.

On doit aussi retirer la brique rouge qui avait été placée, en 1848, pour consolider les parties avariées et détériorées par le temps et la remplacer par de la pierre grise s'harmonisant avec celles du donjon.

C'est en l'année 1881 qu'on découvrit la salle des Gardes, située à droite, dans la cour du château.

On y remarque le sol d'une cheminée, dont les tuiles sont placées les unes contre les autres, en bout, et formant des losanges et des carrés.

De distance en distance on voit les pierres fondamentales des piliers qui soutenaient la salle des Gardes.

A droite de la cheminée, on mit à jour une petite fosse d’environ 1 mètre de long sur 40 centimètres de large, contenant à peu près une mesure de charbon de bois.

Un peu plus loin et sur la gauche, au pied du donjon, il est facile de reconnaître la fosse des cabinets d’aisances.

L’entrée des souterrains est au milieu de la cour.

Les fouilles, qui se poursuivent toujours, nous réservent encore bien des surprises archéologiques-historiques.

Dans la cour principale du château, on remarque à gauche, en entrant, un puits ayant une profondeur de cent vingt mètres, qui fut comblé au XVIIe siècle, lors de la démolition du château.

En 1848-1849, ce puits fut déblayé par tous les habitants de Montlhéry, qui consacrèrent à tour de rôle chacun trois jours.

On trouva dans ce puits des ossements humains, des cornes de cerfs, des bois pétrifiés ayant la forme des douves de baquets comme la tonnellerie en fabrique de nos jours, des boulets en pierre de différentes grosseurs, un canon brisé avec son boulet resté dans la portée; des bijoux, des monnaies, des lances, etc. *(Ce canon était en bois et cerclé en fer.)*

Tous ces objets curieux, et qui constituaient au rez-de-chaussée de la tour un petit musée historique et archéologique, ont été enlevés, au dire des habitants de Montlhéry, par

les Allemands, lors de l'invasion
de 1870-1871.

La tour de Montlhéry étant une
propriété de l'État, nous avons dou-
blement tous le droit de contester
cet enlèvement.

Il est probable que Messieurs les
membres du conseil de la localité
ont dû signaler à qui de droit la dis-
parition de ce petit musée. Toute-
fois, à ce jour, ces objets ne sont pas
réintégrés et malheureusement rien
ne fait prévoir leur rentrée.

Le 29 septembre 1854, vers mi-
nuit, le plancher goudronné du donjon était en feu. On parvint, après
bien des efforts, à éteindre cet in-
cendie.

Actuellement le plancher de la tour est en cuivre et en fer, et d'une solidité à toute épreuve.

Le génie militaire a établi un télégraphe sur le sommet du donjon. En outre, cette tour sert de point intermédiaire avec Paris pour étudier la vitesse de la lumière.

Il est fort question d'une ligne ferrée à construire par l'État, passant à Montlhéry et venant aboutir au chemin de fer de Sceaux.

Depuis 1870, Montlhéry doit beaucoup de son progrès au conseil municipal et en particulier à l'un de ses membres, M. H. Challiot, regretté de tous ses compatriotes et mort subitement l'année 1879, en sortant d'une séance du conseil.

Dans le principe, le château de Montlhéry se composait de cinq tours. Celle qui reste était la tour principale. On voit encore les vestiges des quatre autres tours. Boileau, dans son *Lutrin*, veut parler des hiboux du donjon de Montlhéry, quand il cite les vers suivants :

Mille oiseaux effrayants, mille corbeaux
[funèbres
De ces murs désertés habitant les ténèbres.

Du haut de la tour principale on jouit du plus beau panorama qu'il est permis à l'homme de contempler.

Nous laissons juges les promeneurs et les touristes et les invitons, avant de quitter cette petite ville riante et agréable, à faire l'ascension au sommet de la tour de Montlhéry.

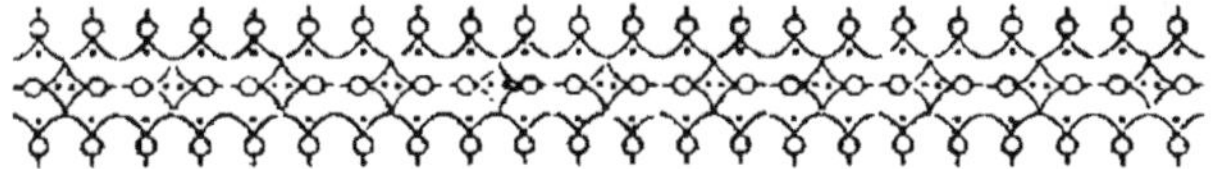

CHAPITRE VII

LÉGENDE

La légende raconte que la comtesse Hodierne, épouse de Guy Ier, sire de Montlhéry, et fille de Guillaume de Gometz, sénéchal de France, se mêlait aux ouvriers, pour les aider, les presser et les encourager par son exemple à l'achèvement de l'église de Longpont.

Un jour, il lui arriva de déposer ses seaux, pour se reposer, devant la porte du maréchal de ce bourg.

Cet homme, méchant, brutal et inhumain, soit pour tourner en dérision la foi de la comtesse, soit pour éprouver sa douceur et savoir si son zèle venait de Dieu, fit à son insu rougir le fer dont elle se servait pour porter les seaux, tandis qu'un autre les perçait pour que ses peines fussent inutiles.

Hodierne continua son travail sans se brûler les mains, et sans que l'eau se répandît ; mais en même temps, elle prédit à ce misérable, qu'en punition de sa méchanceté et de son impiété, Dieu le frapperait de mort avant l'année révolue, et que jamais ni les siens, ni ceux de sa profession ne pourraient se fixer à Longpont, ce qui, dit-on, fut constaté bien des fois.

En effet, cette même année, le forgeron fut inhumé à la porte septentrionale de l'église, et une

pierre placée moitié à l'extérieur,
moitié à l'intérieur, et sur laquelle
étaient gravés des fers à cheval, faisait remarquer aux visiteurs le lieu
de sa sépulture.

JULES PAYEN.

TABLE DES MATIÈRES

IMPRIMÉ SUR LES PRESSES

DE

CH. UNSINGER

le 12 Octobre 1883

AUX FRAIS DE L'AUTEUR

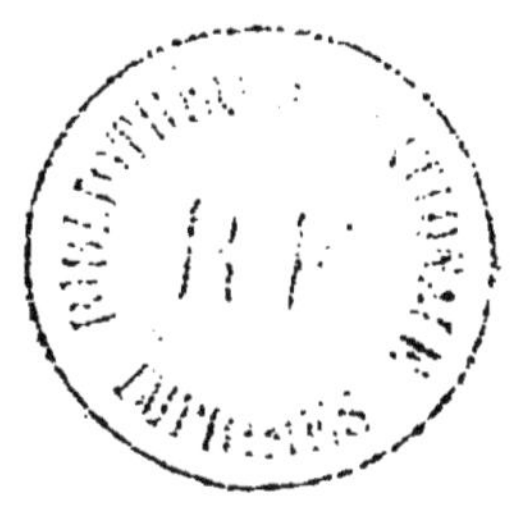

DU MÊME AUTEUR

—

PETITES NOUVELLES LITTÉRAIRES

—

Rouget de l'Isle

—

POUR PARAITRE PROCHAINEMENT

—

Dahlia

—

Paris. — Typ. Ch. Unsinger.